Für meine Brüder Patrick,
Andrew, David und meine
Schwestern Claudine und Heidi,
die sich nie gerne Konventionen
unterordnen wollten!

Nicole

Für Arthur und Lucile.

Coralie

Erstausgabe: Januar 2018

© Nicole Snitselaar, Texte. © Coralie Saudo, Illustration. © Denise Mallon, Übersetzung
© àbac i lletres SL, Verlag — www.abacbooks.com
Lektorat: Annett Stütze, Gerd Herschung-Iglesias. Layout: Mònika Francisco

ISBN: 978-84-947040-7-9
DL: B 25993-2017 — Printed in Spain

Titel der Originalausgabe: *Panique chez les suricates*. © 2014, Balivernes Éditions
Translated edition published in compliance with Book149 Literary Agency — www.book149.com

Bei den Erdmännchen ist immer was los!

Eine Geschichte von Nicole Snitselaar
Illustriert von Coralie Saudo
Übersetzt von Denise Mallon

àbac

„Uh, der schon wieder!", zischten alle verächtlich,
denen Erdi Erdmännchen begegnete.
Aber warum reagierten die anderen so auf ihn?
Erdi war weit davon entfernt, der Kleinste, Größte,
Merkwürdigste oder Komischste unter den Erdmännchen zu sein.
Ebenso wenig war er der Ungehorsamste, Böseste oder Hinterlistigste ...
Was war also der Grund?

Erdi hatte einen Freund.
Doch dieser Freund war anders als die anderen:
Er hatte Flügel und beängstigend scharfe Krallen,
mit denen er alles, was er sah, fest umklammern und weit forttragen konnte.
Erdis Freund war ein Raubvogel!

„Unsere Feinde können nicht unsere Freunde sein!",
sagten alle immer wieder.
„Wenn du mit ihm zusammen bist, schwebst du in großer Gefahr!",
knurrte Papa Erdmännchen.
„Aber er ist mein Freund!", antwortete Erdi stur.
„Er ist vielleicht jetzt dein Freund,
aber irgendwann wird er dir etwas Schlimmes antun!"

Doch wieso hätte Erdi denn Angst vor einem Adlerjungen haben sollen?

Adli Adlerjunge und er wurden am selben Tag geboren.
Sie wuchsen in derselben Gegend auf.

Adli hatte Erdis erste Schritte miterlebt und Erdi hatte gesehen,
wie Adli das Fliegen lernte...
So hatten sie sich auch kennengelernt:
Adli war direkt neben ihm vom Himmel gefallen.
Erst schauten sie sich ängstlich an. Dann fingen sie beide an, zu lachen.

Von diesem Tag an spielten sie zusammen.
Wenn Erdi sich versteckte, suchte Adli ihn.
Wenn Erdi rannte, begleitete ihn Adli am Himmel.
Wenn Erdi in der Wüste herumtollte,
passte Adli von hoch oben auf ihn auf.

Auf diese Weise erspähte Adli einmal einen hungrigen Fuchs.
Er jagte den Fuchs in die Flucht und rettete Erdi das Leben.

Wenn die Erdmännchen draußen umherflitzten,
ertönte oft ein schriller Pfiff. Er bedeutete: „Vorsicht, Gefahr!".
Da wurde den Erdmännchen jedes Mal angst und bange. „Alle in Deckung!",
schrien sie und verschwanden blitzschnell in ihren Erdlöchern.
Doch jedes Mal bemerkten sie danach,
dass nur Erdis Freund Adli herbeigeflogen war.

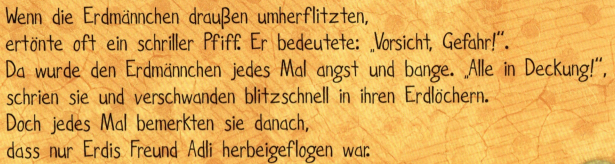

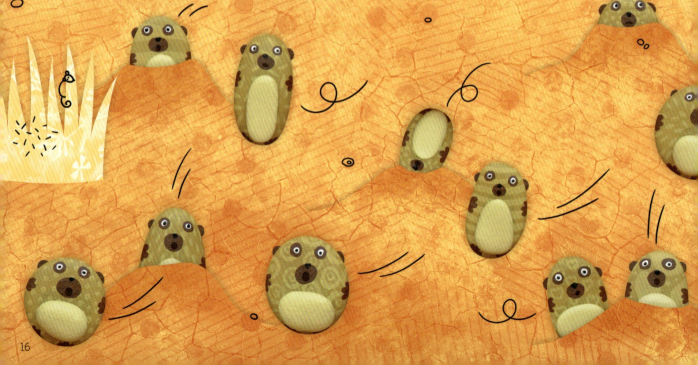

Das machte die Erdmännchen ganz wütend!
„Oh, dieser Erdi! Warum nur muss er einen Adler zum Freund haben!",
riefen sie dann. „Eines Tages sterben wir noch vor Angst!"

Erdi kümmerte sich nicht darum, was die anderen sagten.
Er liebte die gemeinsamen Momente mit Adli.

Adli trug ihn sicher in seinen Krallen.
Von hoch oben entdeckte Erdi mit ihm wunderschöne Dinge!
Dinge, die die anderen Erdmännchen wohl niemals zu sehen bekämen ...
Silbern glitzernde Flüsse, dichte Wälder, Berggipfel, tiefe Täler.
Erdi kehrte jedes Mal sehr glücklich zurück.

Aber als sein Freund ihn eines Tages in sein Nest einlud,
bekam Erdi doch einen großen Schreck.
Alles war gut, bis Papa Adler zurückkam.

Dieser begrüßte Adli und sagte:
„Bravo Sohn! Gute Arbeit! Hmmm, das wird uns gut schmecken ..."
Da rief Adli erschrocken:
„Papa! Wir fressen doch meinen Freund Erdi nicht!"

„Erdmännchen und Adler sind keine Freunde!", krächzte Papa Adler.
„Erdmännchen sind zum Fressen da und dieses hier sieht wirklich lecker aus!"
„Nein, Papa! Erdi wird nicht gefressen!",
rief Adli wütend und flog mit dem verängstigten Erdmännchen auf und davon.

„Oh, dieser Adlerjunge!", rief Papa Adler. „Warum ist er nur so ungehorsam?"

Eines Abends spielten Erdi
und Adli Verstecken.
Erdi war gerade an der Reihe, seinen Freund zu suchen.
Auf seinen kleinen Hinterbeinen stehend suchte er die Gegend ab.
Plötzlich bemerkte er etwas am Boden.

Eine riesige Schlange schlich zwischen den Felsen und Grasbüscheln
auf die Erdmännchenkolonie zu!
„Vorsicht, Gefahr!", pfiff Erdi so laut er konnte.

Da hatten alle Erdmännchen große Angst und brachten sich schnell in Sicherheit.
Doch Adli flog hinab und umschloss die Schlange mit seinen Krallen.
Mit kräftigen Flügelschlägen erhob er sich mit ihr in die Lüfte
und ließ sie in den kalten Fluss fallen. Platsch!
„Da hast du, was du verdienst! Und wage bloß nicht,
dich noch einmal hier blicken zu lassen!", warnte Adli die Schlange.
„Das nächste Mal werde ich nicht so gnädig mit dir sein."

27

„Erdi, dein Freund ist super! Er hat uns das Leben gerettet!",
rief Papa Erdmännchen und streckte seine Nase aus dem Loch.
„Was für ein außergewöhnlicher Freund …", murmelte er erleichtert.
„Ach, Erdi!", sagte Mama Erdmännchen mit einem warmen Lächeln.
„Erdi, Erdi!", riefen alle Erdmännchen nun im Chor.
Was für eine Freude!
Und zum ersten Mal in seinem Leben hörte Erdi Erdmännchen
ganz besondere Pfiffe – es waren Pfiffe der Bewunderung.